BOEKANALYSE

De druiven der gramschap

JOHN STEINBECK

BOEKANALYSE

Geschreven door Natacha Cerf
Vertaald door Nikki Claes

De druiven der gramschap

JOHN STEINBECK

Kennis binnen handbereik!

BOEKANALYSE

De Vreemdeling

ALBERT CAMUS

BOEKANALYSE

The Giver

LOIS LOWRY

De waarheid over de zaak Harry Quebert

www.50minutes.com

Fris uw favoriete onderwerpen op
met onze praktische titels

JOHN STEINBECK

AMERIKAANSE SCHRIJVER

- **Geboren in Salinas (Californië) in 1902**
- **Overleden in New York in 1968**
- **Opmerkelijke werken:**
  - *Of Mice and Men* (1937), roman
  - *De druiven der gramschap* (1939), roman
  - *East of Eden* (1952), roman

John Steinbeck (1902-1968) was een Amerikaanse schrijver wiens romans (*Of Mice and Men*, 1937; *De druiven der gramschap*, 1939; *East of Eden*, 1952, enz.) twee overeenkomsten vertonen: ze spelen zich af in zijn geboorteland Californië en ze gaan over de moeilijke levensomstandigheden van de plattelandsbevolking. Als verslaggever voor de *International Herald Tribune* tijdens de Tweede Wereldoorlog ontving Steinbeck in 1962 de Nobelprijs voor de Literatuur. Verschillende van zijn romans zijn bewerkt voor de bioscoop en hebben bijgedragen aan zijn populariteit.

DE DRUIVEN DER GRAMSCHAP

EEN REVOLUTIONAIRE ROMAN

- **Genre:** roman
- **Referentie-uitgave:** Steinbeck, J. (2016) *The Grapes of Wrath*. Maryland: Hamilton Books.
- **Eerste uitgave:** 1939
- **Thema's:** honger, armoede, steun, migratie, opstand, werk

De druiven der gramschap is een roman uit 1939, die zich afspeelt in de Verenigde Staten tijdens de crisis van 1929, die de zwaarste gevolgen had voor de boeren. De roman volgt het verhaal van een arme familie van deelpachters, de Joads, die door de rampzalige klimatologische omstandigheden, de beurscrash en de industrialisatie van de landbouw gedwongen worden Oklahoma en hun land te verlaten. Ze vertrekken naar Californië, denkend dat ze daar land en werk kunnen vinden. De Joads en nog duizenden andere Okies (inboorlingen van Oklahoma) ontmoeten echter niets anders dan vijandigheid van de inheemse bevolking in het Westen, samen met armoede en honger. Toch geven de mannen niet op en helpen elkaar tot het einde.

SAMENVATTING

HET EINDE VAN HET GEWASAANDEEL

Op een bal doodt Tom Joad in dronken toestand een man. Wanneer hij wegens goed gedrag wordt vrijgelaten uit de gevangenis, besluit hij zich te voegen bij zijn vader, een maïs-boer, en zijn familie: zijn grootouders, Ma, Al, Noah, Rose of Sharon, Winfield en Ruthie. Hij maakt de reis met pastoor Casy. Bij aankomst ontmoeten de twee mannen de vertegen-woordigers van de eigenaren die het einde komen aankondi-gen van de crop sharing (een manier van landbouw waarbij de eigenaar van een landgoed zijn land verhuurt aan boeren, deelpachters, die zich ertoe verbinden de oogst met hem te bewerken en te delen) en de vervanging daarvan door de tractor die in ruil daarvoor het werk van een dozijn gezinnen waard is. Na een besluit van de bank moeten de pachters vertrekken. De machines krijgen zelfs het bevel de huizen af te breken om ervoor te zorgen dat de bewoners vertrekken.

Wanneer Tom zijn familie bij oom John thuis aantreft, vertelt zijn vader hem dat iedereen naar Californië vertrekt. Het gebied staat bekend als een toevluchtsoord voor deelpach-ters die van hun land zijn verdreven. Er zal een overvloed aan werk zijn en het leven zal er idyllisch zijn: "We hadden hier moeilijke tijden. Natuurlijk zal het daar anders zijn – veel werk, en alles mooi en groen, en kleine witte huizen en sinaasappels die in de buurt groeien" (Hoofdstuk 10). Ze weten echter nog steeds niet dat de plek zeker mooi is, maar ze mogen enkele vrucht aanraken die bij het plukken wordt geoogst of zelfs maar een vinger uitsteken naar de witte huisjes. Om te kunnen vertrekken moet de familie hun meubels en persoonlijke bezittingen tegen belachelijke prijzen verkopen om een vrachtwagen te kunnen kopen. Casy vergezelt hen, ook al betekent dit dat ze nog een mond moeten voeden en nog iemand in de vrachtwagen moeten proppen: de Joads zijn niet iemand die gasten weigert.

VALSE HOOP

De weg naar Californië blijkt moeilijk door de hitte, het gebrek aan water en de vervallen van de vrachtwagen. Het wordt ook fataal voor grootvader, die sterft aan een hartaanval als gevolg van het gedwongen verlaten van zijn land. Onderweg ontmoeten de Joads de Wilsons en besluiten de rest van hun reis samen te volbrengen en elkaar te helpen.

Maar tijdens hun reis ontmoeten ze mannen die terugkeren uit Californië en hen vertellen dat er in werkelijkheid geen werk is in het Westen: er is geen land beschikbaar, de eigenaars klampen zich krampachtig vast en zijn bang voor nieuwkomers die hun banen zouden kunnen inpikken. Daar verhongeren vrouwen en kinderen uit het Oosten en worden de mannen, die voortdurend door de plaatselijke autoriteiten worden bedreigd, gevreesd en gehaat. De pamfletten die in het Oosten worden uitgedeeld zijn een zwendel die is opgezet om mensen aan te trekken, hen van hun bezittingen te beroven en hen uit buiten.

In een kamp praat Tom met een andere expat die uitlegt waarom deze brochures zijn verstuurd: de hoeveelheid fruit die zo snel mogelijk moet worden geoogst om te voorkomen dat ze rotten is zo groot dat er minstens drieduizend mensen nodig zijn. Maar er zijn meer dan zesduizend mensen aangekomen die bereid zijn de strijd met elkaar aan te gaan en alle voorwaarden te accepteren om werk te krijgen. Met zo'n grote werkkracht was de oogst snel klaar.

Daarom weigert Noah de reis voort te zetten en stopt aan de oever van de rivier. Bovendien is Wilsons vrouw ziek en te zwak om verder te gaan: de twee families moeten uit elkaar gaan. Bovendien sterft oma.

Kort daarna arriveren mannen in het kamp: ze huren mannen in namens de boer Tulare. Floyd, een man van het kamp, eist een bepaald aantal werknemers met vaste lonen, d.w.z. echte werkomstandigheden. Maar na deze eis stapt de sheriff, die een mogelijke opstand wil voorkomen, uit zijn auto en dwingt Floyd te vertrekken op basis van verzonnen motieven. Dreigementen worden steeds vaker uitgewisseld: als de mannen niet aan het werk gaan, zal het kamp in brand worden gestoken. Floyd bevrijdt zich uit zijn boeien en slaat de mannen, waarna hij vlucht. Vier schutters arriveren om de sheriff te helpen. Casy neemt de verantwoordelijkheid voor de afranselingen op zich om zichzelf te beschermen. Hij wordt meegenomen.

HET REGERINGSKAMP

Connie, de vader van het ongeboren kind van Rose of Sharon, laat zijn gezin in de steek terwijl de Joads op pad gaan in de hoop een plaats te vinden in het regeringskamp. Daar gaat het precies zoals de geruchten beweren: ze worden eindelijk als mensen behandeld. Het kamp wordt gerund en beheerd door de bewoners zelf en de toegang is verboden voor de politie.

De autoriteiten zoeken echter mannen om in het kamp rellen te veroorzaken, zodat zij het excuus kunnen gebruiken dat de arbeiders niet in staat zijn zichzelf te besturen en dat beleid van buitenaf is. Het sluiten van de kampen waar de Okies worden gerespecteerd is hun prioriteit, want mannen die hun waardigheid terugwinnen zijn een gevaar.

Het gebrek aan werk in de regio zet de Joads er uiteindelijk toe aan te vertrekken. Ze hervatten hun reis en moeten perziken gaan plukken op de boerderij van de Hoopers. Wanneer ze aankomen, vinden ze dat de barakken vuil zijn en dat de winkel alleen voedsel verkoopt dat buiten hun prijsklasse valt. Maar ze hebben geen keus en vestigen zich daar.

DE OPSTAND

Tom, verbaasd over het grote aantal bewakers buiten, besluit een wandeling te maken en ontmoet Casy. Hij en andere mannen zijn in staking om te protesteren tegen de lage lonen. Tijdens de discussie komen gewapende mannen aan en vallen de stakers aan, die ze "vuile rooien" noemen. Het gaat mis en één van hen slaat Casy met geweld, die aan zijn verwondingen overlijdt. In een woedeaanval slaat Tom een bewaker neer, maar wordt op zijn beurt geslagen. Hij komt terug met een gebroken neus en een gezwollen gezicht. Hij moet zich nu verbergen. De familie Joad besluit te vertrekken.

Kort daarna vinden ze werk in de katoenvelden waar de omstandigheden niet al te slecht zijn. Er zijn wagens waarin ze worden ondergebracht en de mogelijkheid van dagelijkse vleesmaaltijden. Het is echter te gevaarlijk voor Tom, die in de hele regio actief door de politie wordt gezocht, en omdat Ruthie zijn misdaad onthuld, moet hij opnieuw vertrekken. Hij is van plan de strijd van Casy voort te zetten.

In de hele regio valt voortdurend regen. De tenten van de emigranten lopen onder water en stormen dwingen gezinnen naar de steden te vertrekken. Deze horden uitgehongerde mensen wekken eerst het medelijden van de stedelingen op, dan hun angst en haat. Het gebrek aan voedsel maakt de Okies bereid alle waardigheid te verliezen, te stelen en te liegen voor een kruimel brood. De angst voor de dood slaat al snel om in woede.

Rose of Sharon baart een dood kind. De regen houdt niet op, en het water stijgt en dreigt de wagen te vullen. Ze moeten vertrekken, maar Al besluit bij de Wainwrights te blijven in de buurt van hun dochter Aggie, die hij tijdens hun verblijf heeft leren kennen en met wie hij wil trouwen. Ma, Pa, oom John, Rose of Sharon en de kinderen gaan naar een schuur om te schuilen. Een man en zijn zoon hebben daar al hun toevlucht gezocht. De man is stervende door gebrek aan voedsel. Na een blik van Ma begrijpt Rose of Sharon dat haar moeder haar vraagt haar borst aan te bieden aan de hongerende man. Ze verlaten allemaal de kamer en de jonge vrouw doet dat met een glimlach.

KARAKTERSTUDIE

MA

De moeder heeft geen voornaam, en blijkt meteen een sterk karakter en een immense goedheid te hebben. Ma Joad is onverwoestbaar, moedig en vasthoudend. Dat bewijst ze onder meer tijdens de episode van de dood van de grootmoeder: ze blijft de hele nacht alleen bij haar zonder het iemand te vertellen, uit angst dat de dood de reis in gevaar zou brengen. Ze weet hoe ze stil en beheerst moet zijn om zichzelf te beschermen. Voor hetzelfde doel kan ze ook gewelddadig zijn: dit is het geval wanneer ze een krik pakt en haar man bedreigt om te voorkomen dat het gezin uit elkaar gaat (Tom en Casy wilden hen wegens een inzinking verlaten en zich weer bij hen voegen in Californië). Ma toont de hardnekkigheid van haar karakter en haar gezag. Verder is ze bescheiden en toont ze haar emoties niet, opnieuw omwille van haar gezin. Bovendien handhaaft Ma de waardigheid van de familie Joad: in het regeringskamp zorgt zij ervoor dat iedereen netjes gekleed is voor het bezoek van het vrouwencomité.

Steinbeck portretteert een archetypische moeder die voorouderlijke waarden aanhangt en de beschermende bewaker van het huis en de familie-eenheid lijkt te zijn. Niettemin erkent Ma Joad de grenzen van haar functie, namelijk zorgen voor het dagelijks levensonderhoud, wanneer zij zegt: "Meer kan ik niet doen. Meer kan ik niet doen. De rest zou boos worden als ik meer deed dan dat" (Hoofdstuk 13). Maar ze garandeert ook de geestelijke voeding door zich te verzetten tegen haar familie, die niet wil dat pastoor Casy hen vergezelt vanwege het gebrek aan ruimte en voedsel: een pastoor kan altijd helpen. Zij belichaamt dus een zekere wijsheid.

ROOS VAN SHARON

Haar naam komt uit het *Hooglied*: "Ik ben een roos van Sharon, een lelie van de dalen" (II, 1). Roos is de belichaming van het moederschap. Ze is blond met een zacht gezicht en een voluptueus lichaam. Haar enige zorg is het kind dat zij in zich draagt. Alle externe gebeurtenissen worden door de jonge vrouw geïnterpreteerd als goddelijke tekenen: de plotselinge dood van de familiehond weerklinkt als een teken van de naderende dood van haar kind. Rose toont zich vaak kinderlijk en naïef. Bijvoorbeeld wanneer Connie vertrekt en zij gelooft dat hij boeken is gaan zoeken om te studeren. Ze is ook angstig en teruggetrokken, en ze klaagt onophoudelijk. Toch wordt ze aan het eind van de roman nobel.

TOM

Tom is de verloren zoon, maar hij is ook de meest kwetsbare. Veroordeeld tot zeven jaar gevangenisstraf, maar na vier jaar vrijgelaten wegens goed gedrag, heeft Tom al een man vermoord. Zijn illegale situatie maakt hem een gevaar voor zijn familie. Zijn voorwaardelijke vrijlating staat hem immers niet toe de grens over te gaan. Bovendien verlegt Tom, die de minste vernedering en onrechtvaardigheid verdraagt, regelmatig zijn grenzen bij de plaatselijke autoriteiten: niets is belangrijker voor hem dan waardigheid, die de sheriffs hem proberen af te nemen. De moord of Casy's moordenaar veroordeelt hem uiteindelijk tot onderduiken.

Zijn toespraak is interessant en bevat de woorden van de vroegere pastoor, die een pantheïstische visie op de wereld aanneemt, geregeerd door een opperste ziel: er is een gigantische ziel die gemeenschappelijk is voor allen. Door deze mystiek verwacht hij het leven van zijn familie op een diffuse en onzichtbare manier te kunnen blijven delen. Tom wil zich ook concentreren op collectieve actie en het gezin openstellen voor de gemeenschap.

ANALYSE

EEN MOEILIJKE HISTORISCHE CONTEXT

Steinbeck doet verslag van de ondraaglijke realiteit van het leven van migrerende arbeiders die naar het Westen komen om als seizoensfruitplukkers te werken.

De economische crisis

De roman speelt zich af tijdens de Grote Depressie, ook wel bekend als de crisis van 1929. In die tijd waren de gevolgen van de werkloosheid rampzalig. Een groot deel van de bevolking leed aan ondervoeding.

De roman belicht in het bijzonder de harde blik die op de armen in de Verenigde Staten is gericht. De Amerikaanse individualistische traditie beschouwt armoede immers als het resultaat van een natuurlijke neiging tot luiheid. Daarom werd vóór de invoering van de New Deal (economische en sociale hervorming in de VS in 1933) spaarzaam en ten koste van vernedering publieke en particuliere steun uitgedeeld, om mensen ervan te weerhouden er een beroep op te doen. Zo moest er, om voor steun in aanmerking te komen, eerst een grondige huiszoeking plaatsvinden om het gebrek aan middelen te verifiëren, en de Amerikaanse kranten gebruikten vaak venijnige benamingen voor de armen, zoals "bijstandsfraude" of "bedriegers van de hulp aan werklozen". Alles was erop gericht om de armen zich beschaamd en onwaardig te laten voelen.

Het Westen

Het Westen werd gezien als een gebied van vrijheid vanwege de omvang van het ongerepte land. Deze onontgonnen gronden dreven de westerse mens naar het individualisme. Deze plek waar iedereen een boerderij kon bezitten door zich er simpelweg te vestigen, genereerde op natuurlijke wijze economische en politieke gelijkheid; individuele vrijheid en gelijkheid waren de waarden die overheersten. Zo steunde de man van het Westen niet langer de wettelijke beperkingen en handhaafde ieder de orde door zijn eigen rechtspraak toe te passen, of door samen te werken met andere Westerse mensen. Het ideaal van de Westerse mens was de vrijheid voor elk individu om zijn eigen lot te bepalen en hij weigerde elke georganiseerde politiek of rationele methoden van de overheid.

De zaken veranderden echter toen de droge gronden werden bereikt. Het was niet langer mogelijk grond in bezit te nemen om met de oude methoden van geïsoleerde landbouw te werken. Het werd noodzakelijk om dure irrigatiewerken uit te voeren en kapitalen vrij te maken die te aanzienlijk waren voor een enkele landbouwer. De aard van het gebied vereiste dus het overwinnen van het individualisme ten gunste van het sociale. Zo ontstond een geest van ondernemerschap en avontuur die leidde tot een snelle industriële ontwikkeling.

Migratie

"Highway 66 is de belangrijkste migrantenweg. [...] 66 is de weg van mensen op de vlucht, vluchtelingen van stof en krimpend land, van het gedonder van tractoren en krimpend eigendom, van de langzame noordwaartse invasie van de woestijn, van de kronkelende winden die uit Texas opsteken,

van de overstromingen die het land geen rijkdom brengen en de weinige rijkdom die er is stelen. Voor dit alles zijn de mensen op de vlucht, en ze komen op 66 vanaf de zijwegen, van de karrensporen en de bronstige landwegen. 66 is de moederweg, de weg van de vlucht" (Hoofdstuk 12).

De droogte van de Dust Bowl (een uitdrukking die verwijst naar het gebied van Texas tot Zuid-Dakota dat in 1933 werd overspoeld door stofstormen), evenals het einde van de deelpacht en de vervanging ervan door geïndustrialiseerde landbouw, dwongen gezinnen naar het Westen te vluchten. Ten tijde van de oogst trokken 150.000 migranten door Californië, berooid en dakloos. De lokale bevolking verweet hun onwetendheid en vuilheid en ontving hen met vijandigheid, waarbij ze hen laatdunkend *Okies* noemden en gelijkstelden aan chimpansees. Deze seizoenarbeiders vervielen in dienstbaarheid en hadden zelfs geen stemrecht.

Als overtuigd journalist beschreef Steinbeck de moeilijke levensomstandigheden van deze tot nomadisme gedwongen mannen: ze verbleven in geïmproviseerde kampen, "Hoovervilles" genaamd (verwijzend naar president Hoover die in die tijd in functie was), die vergelijkbaar waren met sloppenwijken, ze waren het slachtoffer van ondervoeding, liepen verschillende ziekten op, enz. Ze ondergingen een proces van geleidelijke ontmenselijking. Bovendien lieten de boeren uit angst voor opstand hun installaties bewaken door schietgrage gewapende milities. Maar in 1932 wilde de federale regering van Franklin Roosevelt deze ontaarde arbeiders helpen: er werden vijftien kampen opgericht, waarin kwalitatief goede sanitaire voorzieningen werden geïnstalleerd om de mannen hun waardigheid terug te geven. Bovendien werden deze gemeenschappen beheerd door de bewoners zelf, volgens de principes van het socialisme.

In zijn artikelen stelde Steinbeck oplossingen voor: de schenking van landbouwgrond aan emigranten en de instelling van een seizoensgebonden personeelsplanning op de plaats van de oogst om het massale verschijnsel van de verplaatsing en de daarmee gepaard gaande loondaling te beteugelen.

VAN HONGER TOT WOEDE

Voedsel speelt een essentiële rol in deze landelijke wereld die slechts over de eerste levensbehoeften beschikt: het symboliseert het menselijk drama.

De toespelingen op voedsel zijn talrijk in de hele roman: "Ma opende de oven en haalde de stapel geroosterde botten eruit, knapperig en bruin, met nog veel knaagvlees over" (hoofdstuk 13); "Ma gaf de gekookte aardappelen uit en bracht de halve zak uit de tent en zette die bij de pan met varkensvlees" (hoofdstuk 18); "Ma sneed zout varkensvlees in haar tweede koekenpan" (hoofdstuk 28), enz. De moeder streeft ernaar een thuis te creëren door middel van haar gekookte maaltijden. Lekker eten wordt inderdaad geassocieerd met de warmte van een gezin onder één dak, in tegenstelling tot industrieel eten: "in waspapier gewikkelde boterhammen, wit brood, augurk, kaas, Spam, een stuk taart gebrandmerkt als een motoronderdeel. Hij at zonder smaak" (Hoofdstuk 5). Steinbeck hekelt ook dit door de keten gemaakte voedsel om de mannen te voeden die door de bemiddeling van de machine, de tractor, niet meer verbonden zijn met de voedende aarde die hen nu vreemd is:

"En dit is gemakkelijk en efficiënt. Zo gemakkelijk dat de verwondering uit het werk verdwijnt, zo efficiënt dat de verwondering uit het land en de bewerking ervan verdwijnt, en met de verwondering het diepe begrip en

> *de relatie. [...] Maar de machinemens, die een dode tractor bestuurt op land dat hij niet kent en liefheeft, begrijpt alleen chemie; en hij minacht het land en zichzelf" (Hoofdstuk 11).*

Het overwinnen van de honger wordt de belangrijkste zorg voor de familie Joad; daarom spookt varkensvlees, het symbool van bevredigde eetlust, door de gesprekken. Dit gebrek aan voedsel veroorzaakt ook een verstoring van het gedrag, want honger maakt mensen egoïstisch: aan het begin van de roman geeft een tractorbestuurder Tom een lift en Tom wijst hem erop dat, opdat hij zijn gezin met zijn tractor kan voeden, vijftien andere gezinnen van honger sterven. De hongerige mannen zijn gedwongen hun solidariteitsplicht te vergeten om voedsel te kopen en moeten vechten om simpelweg te overleven. Maar Ma vecht niet alleen voor haar gezin: ze vervult ook haar verzorgende plicht tegenover de kinderen die ze in de Hoovervilles tegenkomt.

Maar hoewel honger de mens verzwakt, plant het ook een gevoel van opstandigheid in hem, want een mens die honger heeft ervaren is niet meer bang: "Hoe kun je een man bang maken wiens honger niet alleen in zijn eigen verkrampte maag zit, maar ook in de ellendige buiken van zijn kinderen? Je kunt hem niet bang maken: hij heeft een angst gekend die alle andere te boven gaat" (hoofdstuk 19). De opstand van de hongerenden wordt daarom gezien als onherstelbaar en bijna organisch: "En de woede begon te gisten" (hoofdstuk 21). Alles gebeurt alsof het een chemische reactie is, waarbij de honger niets anders dan woede kan veroorzaken. Dit wordt positief gezien, als een gevoel dat individuen samenbrengt, in tegenstelling tot de honger die een gemeenschap ontwricht door egoïsme. Het is een teken van vitaliteit, een bewijs dat er nog genoeg energie is om uit de onderdrukking te geraken, of zelfs een remedie te vinden voor depressie: "En waar een aantal mannen bijeenkwam, verdween de angst van hun gezicht en kwam er woede voor in de plaats. En de vrouwen zuchtten van opluchting, want zij wisten dat het goed was – de breuk was niet gekomen; en de breuk zou nooit komen zolang de angst zich kon veranderen in toorn" (hoofdstuk 29).

DE GEBOORTE VAN EEN GEMEENSCHAP

De gedwongen uittocht van de familie Joad veroorzaakt een langzame erosie van de familiestructuur. De moeder hamert op het belang van het behoud van de eenheid van het gezin en de solidariteit die de leden bindt: "Alles wat we hebben is de familie ongebroken" (Hoofdstuk 16). Ma is zich bewust van de gevaren van ontworteling: "Dat was de tijd dat we op het land waren. Ze waren toen een grens voor ons. Oude mensen stierven, en kleine jongens kwamen, en we waren altijd een ding – we waren de familie – heel en duidelijk. En nu zijn we niet meer veilig" (Hoofdstuk 25).

Anderzijds betekent het uiteenvallen van de familie de aansluiting bij de nomadengemeenschap. Het begint met de aansluiting van de Joads bij de Wilsons, bij de dood van de grootvader: tijdens deze moeilijke gebeurtenis delen de Wilsons hun bijbel en deken. De strikte familiekring wordt zo doorbroken ten gunste van de notie van een grote familiegemeenschap: "s Avonds gebeurde er iets vreemds: de twintig families werden één familie, de kinderen waren de kinderen van allen. Het verlies van thuis werd één verlies, en de gouden tijd in het Westen werd één droom" (hoofdstuk 17). De families verzamelen zich rond het kampvuur en worden één grote stam. Steinbeck verbeeldt hiermee de kracht van de menselijke eenheid en viert het aanpassingsvermogen dat hij ziet als eigen aan de menselijke soort: "Zo veranderden zij hun sociale leven – veranderden zoals in het hele universum alleen de mens kan veranderen" (Hoofdstuk 17). De slot-scène is bijzonder representatief voor de afschaffing van de gezinsgrenzen, aangezien de melk van Rose of Sharon, die zij voor haar dode kind had geproduceerd, wordt gebruikt om een vreemdeling te redden.

FILOSOFISCHE REFERENTIES

De Allerhoogste Ziel (Ralph Waldo Emerson)

Ralph Waldo Emerson (Amerikaans schrijver en filosoof, 1803-1882) ontwikkelde een idealistische filosofie die stelt dat het individu in staat is een intieme resonantie met de natuur aan te gaan.

Meer bepaald wordt dit idee herhaald door Casy en later door Tom. De menselijke ziel bezielt en bestuurt alle mense-lijke organen, het is geen simpele functie of slechts een optie, het is datgene waarop alles rust. Zij is enorm en men kan haar niet beheersen; terwijl wij niets zijn, is zij alles. De ziel maakt de intelligentie van de mens geniaal, maakt zijn wil tot een deugd en maakt zijn genegenheid tot liefde. Zij subli-meert alle aspecten van de mens. Deze filosofie bevordert het besef dat de mens niets is, en dat hij de ziel of de zuivere natuur moet gehoorzamen, om zich te laten leiden door haar en wat daarbuiten is.

Pragmatisme (William James)

De empirische filosofie van William James (Amerikaans filosoof, 1842-1910), het pragmatisme, is gebaseerd op het idee dat kennis aanleiding geeft tot verschillende ervaringen, en voortkomt uit een zwervende beweging via intermediaire ervaringen.

Er kan een verband worden gelegd tussen het pragmatisme en de arbeidsmigranten die graag het Westen willen bereiken: deze "zwervers" maken integraal deel uit van de Amerikaanse kapitalistische economie, die gekenmerkt wordt door afwisselende hausses en crises. Deze economie maakt sterk gebruik van de concepten van het aannemen en ontslaan van arbeidskrachten. De seizoenarbeider is de opmars naar kennis. Met andere woorden, hij symboliseert de overgang van de ene ervaring naar de andere, van traditionele landbouw naar geïndustrialiseerde landbouw: van de ervaring van de eerste pioniersgemeenschappen in het Westen, gelijkwaardig, vrij en individualistisch, naar de ervaring van de industrialisatie die noodzakelijk wordt door de aard van het grondgebied wanneer de vruchtbare gronden allemaal zijn geëxploiteerd en het noodzakelijk wordt om (om praktische en financiële redenen) een beroep te doen op de gemeenschap om de resterende hulpbronnen te exploiteren.

Oost vs. West

De tegenstelling tussen het Oosten en het Westen is symbolisch:

- Het Oosten belichaamt geschiedenis, kunst en literatuur. De man die naar het oosten gaat, bewandelt het pad van zijn voorouders;

- Het Westen vertegenwoordigt de toekomst en de geest van avontuur en ondernemerschap. De weg naar het Westen is verwant aan het trekinstinct van vogels en viervoeters. Deze natuurverschijnselen beïnvloeden ook naties en individuen op bepaalde momenten in het verhaal.

VERDERE REFLECTIE

ENKELE VRAGEN OM OVER NA TE DENKEN...

• Welke verbanden zijn er tussen *De druiven der gramschap* en *Idylle*, een roman van Guy de Maupassant?

• Wat is de rol van de vrachtwagen van de Joads in de roman?

• In welke zin is *De druiven der gramschap* een ontwikkeling van de pastorale mythe?

• Markeer fragmenten in Steinbecks werk die het fenomeen van devaluatie illustreren.

• Naar welke bijbelse resonanties verwijst de titel van de roman?

• Waarin verschilt de verfilming van *De druiven der gramschap* van het boek?

• *De druiven der gramschap* is ook in de muziek van invloed geweest. Geef voorbeelden en bespreek ze.

• Wat kan er gezegd worden over de rol van mannen in de roman?

• Ontwikkel het thema "de roden" in de roman.

• Waarom probeert Ma verschillende keren haar man boos te maken?

VERDER LEZEN

REFERENTIE-UITGAVE

Steinbeck, J. (2016) *The Grapes of Wrath*. Maryland: Hamilton Books.

REFERENTIESTUDIES

Lemardeley-Cunci, M.-C. (1998) *Les Raisins de la colère de John Steinbeck*. Parijs: Gallimard.

AANPASSINGEN

The Grapes of Wrath. (1940) [Film]. John Ford. Dir. USA: Twentieth Century Fox Film Corporation.

We horen graag van jou! Laat
een reactie achter op jouw online bibliotheek
en deel je favoriete boeken op social media!

Waarom kiezen voor Must Read?

Kom alles te weten over een boek met onze beknopte en diepgaande samenvattingen en analyses!

Ontdek het beste uit de literatuur in een compleet nieuw licht!

www.50minutes.com

De uitgever garandeert de betrouwbaarheid van de gepubliceerde informatie, die echter niet onder zijn verantwoordelijkheid valt.

© 50minutes.com, 2023. Alle rechten voorbehouden.

www.50minutes.com

Master ISBN: 9782808688970
Papier ISBN: 9782808610377
Wettelijk depot: D/2023/12603/1317

Omslag: © Primento

Digitaal ontwerp: Primento, de digitale partner van uitgevers.